남상미 시집

세모 집

시인의 말

첫 시집을 내며

깊지 않은 강물에선 자유롭게 헤엄치는
생생한 물고기 찾기 어려운 것처럼
강물이 마른 곳에선 물고기는 살아갈 수 없는 것처럼
이른 아침 강가에 물안개 자욱하여도
저마다 가슴 한편에 고이 간직하고
살아가는 그 어떤 소망을 이루고자
오늘도 한 걸음 앞으로 나아가야 하는 것처럼
시(詩)라는 깊은 강물에서
보이지 않는 수많은 생명체가 숨을 쉬며
생동감 있는 자맥질로
작은 희망의 씨앗을 틔우는 것처럼
언제나 동행해 주는 든든한 오래 사귄 벗처럼
정을 나누고 희로애락마저 고찰하면서
그 어떤 이가 말했던 것처럼
거기 산은 어차피 내려올 텐데 왜 올라가는지
물었다고 합니다.

하지만, 내려오더라도 올라가는 산객의
답변은 거기 산이 있으니 올라가는 거라고 말합니다.
거기 시가 있어 시를 쓰고 시와 함께합니다.
강물의 깊이 알 수 없듯 시의 깊이도 알 수 없지만,
그럼에도 시가 있어 삶은 느루 행복합니다.

그동안 저에게 많은 응원 보내주신
모든 분들께 진심으로 감사드립니다.
첫 시집 출간에 여러모로 도움을 주신
문학바탕 곽혜란 대표님께 진심으로 감사드립니다.
다시 한 번 머리 숙여 깊이 감사드립니다.

2024년 10월

아람 남상미

시인의 말	2

1부

천 개의 바람개비	10
감	11
세모집	12
닮고 싶은 사람	14
저녁으로	15
더덕꽃	16
제비꽃	17
청춘 노래	18
무당벌레	19
아이와 자전거	20
친구에게	21
광덕계곡에서	22
가을편지	24
어릴 적 엄마는	26
들길에 핀 들꽃처럼	27
행복	28
터	29
친구의 말	30
비우기	31
벽 같은 사람	32
아침창가에서	34
길	36
부추꽃	37

2부

현실과 이상	40
둥지를 떠나야 날아올라	42
관심	43
꿈 잃지 않았음 해	44
작별은 하지 않았습니다	45
정	46
고향의 노래	47
가끔은	48
노벨문학상	50
졌지만 잘 싸웠습니다	52
바깥풍경	54
어머니의 기도	55
초록빛 추억	56
인연	57
카페사장님	58
멀리서 보니 더 아름답다	60
참 아름다운 사람	61
뿌리공원에서	62
섣부른 위로	63
다시 만납시다 여름	64
상추를 키워보니	65
글의 목적	66
계란꽃이 피었습니다	68
맷돌호박	69
몸의 언어	70

3부

고백	74
그게 말이야	76
소중한 아이	78
그 빛	80
바람 먹는 아이	82
고추장	83
공세리성당을 걸으며	84
양심	86
고도를 기다리며	88
착각하다	90
오래된 감나무	91
봄	92
벚꽃	93
메타포	94
하얀 목련	96
꽁당꽁당	97
바다의 세월	98
생명의 찬가	99
그땐 그랬지	100
빛바랜 가을 풍경	102
먼 산 소나기 내리면	104
행복한 말	106
구절초 뒤안길에서	107
냉이 된장국	108
아이는 걸어야 아이야	109

4부

따뜻한 시선으로	112
봄 길	113
홍련빛 그대	114
여행	115
산책에 대하여	116
눈	117
상고대	118
네 꿈	119
겨울 길목	120
나의 유산 1호	121
참 좋은 친구	122
윗세오름	124
상사화	126
산에 오르는 이유	127
반성	128
그는 나에게 물었다	130
고무나무에게	132
저 거리에서 걷노라면	134
택배인생	136
단풍나무 바라보며	137
프로필사진	138
유쾌한 둘레길	139
가을 산행	140
콩	141
새별오름	142
풍경 소리	143

1부

천 개의 바람개비

대관령 산언덕에
천 개의 바람개비
천 년을 살았을까
천 년을 물어봐도
대답 없는 바람만
하염없이 불어오니
뛰어가는 걸음걸음
천 년을 지났어도
천 개의 바람개비
펄럭이던 깃발만은
푸릇푸릇 걸려있고
폐부에서 불어대는
천 개의 바람개비
산 너머 푸른 바다
저 멀리서 소리치는
처얼썩 처얼썩
부딪히는 파도여라

감

감 놓고
감 몰라도
단감이 된
소식은
감감하여도
그냥 기다려야지
홍시는 아니지만
물컹한 고놈
감은 있으나
그 촉으론
감히
다가갈 수 없네

세모집

그는 세모집에서
살았습니다
등은 온전히 기대며
살아갈 수 없었습니다
세모집 모서리마다
질경이 같은 고래심줄은
볼 수 없었지만,
뾰족하게 깎아 놓은
원뿔 꼭대기만은
주춧돌 깊숙이 뻗어져
있었습니다
그는 쿠키는 굽지 않고
밀가루 반죽으로
세모집은 밀대로
둥근 세상이 보이는
뜰 밖으로 밀어냈습니다
하지만, 그의 세모집은
둥글게 둥글게 속속들이

말려들지 않았습니다
허사로운 그 시간은
단맛도 없이 밍숭밍숭하게
더 졸아들어만 갔으나
행복주택 신도시개발로
터조차 아니 보이며
마천루 같은 네모집만
삐삐삐삐 삐삐삐삐
철커덩 볕도 닫힙니다

닮고 싶은 사람

날이 흐려도 만날 때마다
마중물처럼 목마름조차
고개 들지 못하게
촉촉이 적셔주며
해오름이 매일매일
떠오르지 못하여도
햇살처럼 뜨거우며
마음마음 사르지
못하고 헤매어도
나의 짓무른 마음
냉동고에 넣지 않고
기꺼이 꺼내주니
쳇바퀴를 돌리어도
일상은 따사로우며
더없는 행복으로
이끌어 주는 사람
온갖 꽃들이 피는
봄 같은 사람

저녁으로

어느 하나 비슷하지 않은 발자취
골목마다 걸음걸이 같지 않아도
그 누구도 종착지 알 수 없으며
어디서 오는지 가는지 모르지만,
아침만은 또 품고 걸어가듯이
가운데서 뻗어 오르는 태양처럼
한낮은 모른 채 떠나갈지라도
냄새 없는 유령 같은 저녁만은
고함도 없이 뿌리치고 있습니다
참숯 같은 머릿결조차 휘날리는
어느 날 가까이 마주하게 되더라도
저만치 저녁으로 발걸음 자박자박
언제나 빠져들지 않습니다

더덕꽃

눈이 내립니다
눈을 감으면 더 아름드리
은초롱 미소 간직하며
고개 들어 포옹하는
그대 고와라

비를 쏟습니다
열매보다 더 익어가며
설렌 마음 흩어져도
한결같이 꽃을 피우는
그대 고와라

제비꽃

모퉁이 어귀
잊지 않고
찾아온 그대
잊을 수 없어
내 마음에
가장 먼저 피는 꽃
잊을 수 있어도
다시 그 자리
고운 자태로
언제나 피어있는 꽃

청춘 노래

빛이 내리지 않아도 샛별이어라
그 의미를 더하지 않아도 좋아라
지금 서 있는 모습 그대로 아름다워라
여름날 노을빛에 감춰진 반짝이는 초록잎이어라
봄 동산에 피어나는 참꽃처럼
푸른 태양이 뜨겁게 떠올라 더욱 좋아라
생동하는 내일은 두근대고 설렘이어라
사계 비바람이 휘몰아와도
온통 파아란 하늘만 올려다볼 수 있어 좋아라

물안개 거친 아침은 청춘 노래이어라

무당벌레

홍매화의 봄은
청매화에서도 활짝 피워요
늦은 봄비 후두둑 쏟아지면
여름 풀벌레 잠들지 못하듯
머나먼 향리 텃밭에선
성찬으로 빼꼼히 고개 드는
상추 쑥갓 오이조차
여름 열감기로 뜨거워져요
싱싱한 잎은 누렇게 떨어져도
구름 한 점 없는 날조차도
점박이 옷은 은박지에 숨기고
뜰 밖에서 파고든 짓무름처럼
푸른 향기만은 아련하네

아이와 자전거

정거장은 빠르게 지나쳐도
아이와 자전거는 달린다
멀리 떨어져선 달릴 수 없다
아이는 자전거를 떠나면
흙먼지만 부르기 때문이고
자전거는 아이를 떠나면
쓸모없는 폐기물만 되기 때문이다
온갖 편리한 도구에 있어서
이동수단만 있는 게 아닌 것처럼
아이와 자전거는
둘이 균형을 잡고 나아갈 때만이
산 언덕도 쉽게 넘어갈 수 있듯
먼 데서 다가오는 아이와 자전거
둘이 아니었다

친구에게

친구에게
아무도 모르게 갈색으로 스며드는
늦가을 오후에 가끔은
솔향을 따라가는 너와 나 길목에서
모퉁이에 쌓여가는 기억의 저편에서
청단풍잎 내려와 발그레 바스락거려도
말소리 없는 빗길도 나란히 걸어볼까
풍경소리 퍼져 오르는 어느 산사에서
세상 가장 맑게 품격 있는 발걸음으로
홀로 서 있는 저 고목나무에 핀 눈꽃처럼
겨울날 온몸으로 눈이 짚어 삼킬지라도

광덕계곡에서

광덕계곡에선 세상 급한 게 없다
산뜻한 산들바람이 느리게 오가는
침향 같은 향기로운 오솔길 같다
꿈꾸는 저기 파랑새와 참새같이
수많은 나무를 건너가고 또 날아가니
그의 지붕 위엔 노을빛 빠르게 내렸지만
조각조각 드높이 멀어진 초록빛만은
더욱 짙게 산언덕마다 눈처럼 쌓였다

아직 읽지 못한 가을 안부 편지 한 통
물길 따라 흘러가듯 소식은 영영 알 수 없지만
산사에 우편배달부 작은 다람쥐처럼
푸른 이끼만은 잊지 않고 안부를 묻는 그곳
가장 아름다움으로 빛났던 그 시간만큼은
낯선 산객마저 청량하게 품어주는 그곳
천연기념물 광덕사 호두나무처럼
여전히 동글동글 알차게 영글어 갈 때
그들은 마침내 달콤한 참다래와 같이

오랜 시간 넝쿨에 매달려 걸터앉아 있어도
뭉그러질 줄 모르며 껍질까지 익어 간다

                      *광덕사 : 천안 광덕산에 위치한 사찰

가을편지

여름 끝자락은 태양 빛에서 이글이글 끓어요
가을편지에서는 자작자작 작은 잎사귀들로
예쁘게 일찍이 단풍 들지 못했기 때문이에요
초록잎사귀 다시 아름답게 반짝이고 있어요
저 산 너머 어스름한 저녁이 다가올 때면
더욱 찬란하게 물들어가는 노을처럼 말이에요
그 빛으로 어두컴컴하게 삼키는 산 능선에서도
붉은 눈은 아랫마을까지 해맑게 품을 수 있으니까요

가쁘게 가을이 사박사박 걸어온다 하여도
노여움은 품지 않았으면 정말 좋겠어요
오색 단풍잎이 곱게 고목나무에 채색되기까지
여름 소나기도 건너고 천둥 번개도 벗어나
그 단풍잎은 오색 찬연한 가을편지를
그대에게 보낼 수 있게 되었다고 생각되니까요

금빛 벼이삭이 여물어가는 저 들판에서는
알알이 셀 수 없는 즈믄 밤 띄운 가을편지처럼

올해도 우편배달부가 된 낮달 뜨거운 발길 따라서
느릿하게 떠오르는 그리움마저 서두르지 않을 거예요
깜박 잊고 있던 그대 이름 기억하는 시간 필요하니까요
가끔 물안개로 전등 켜지지 않는 날에도 따르릉
가을 소리 가까이 들려오면 맨발로 뛰어가 보실래요

어릴 적 엄마는

그를 기다리고 있던 엄마는 살았습니다.
어릴 적 그의 엄마는 때때로 없었습니다.
참지름 냄새 진동하는 부엌이란 공간에서만
한낮 여름도 잊은 채로 바쁘게 동동거리며
집밥의 엄마는 홍조 띈 얼굴만 볼 수 있었습니다.
딸린 식솔의 동공은 한 곳으로 향하고 있었습니다.
김칫국물로 벌겋게 물들어 있는 앞치마로 항해하듯
엄니 꽁무니만 부여잡고 노를 젓고 있었습니다.
그러나 아이엄마가 된 지금 되돌아보니
그때 그렇게 바쁜 엄마는 밥만 짓지 않았습니다.
녹지 않은 만년설처럼 하얀 꿈을 꾸고 있었다는 걸
그땐 정말 미처 알지 못했습니다.
어릴 적 엄마는
젖은 손에선 행주가 떠날 줄 모르고 있었습니다.
바다의 깊이는 헤아릴 수 없듯이 어릴 적 엄마는

들길에 핀 들꽃처럼

자갈밭으로 뒤뚱뒤뚱
걸어가는 길손아
들길에 핀 저 들꽃처럼
온 세상은 들러리로
우쭐우쭐 갸웃갸웃
건너 건너 걸어왔는가
아니오 아니요
피고 지는 저 들꽃처럼
마디마다 온기 가득 품은
손길 보내주지 않았어도
언제나 혼자 곱게 피어있는
들길에 핀 저 들꽃처럼
단 한 번도 약속 없는 그날까지
행여 비를 거두지 못할지라도
하얀 눈은 부시지 않을지라도
산골짝 두껍게 포장된 길 위에선
저 들꽃처럼 다시 피어오를까

행복

행복은 그의 곁에선 보이지 않겠지만
행복은 그의 옷에선 여밀 수 없겠지만
행복은 그의 마음에선 품을 수 있겠으나
매일 길 밖에서만 종일 뛰고 또 뛰어갑니다
푸른 달이 떠오르고 단풍 달이 지나가도
머물지 못하고 눈 맞춤도 하지 않습니다
저만치 간이역에 잠시 내리고 있지만
그 한 줄기 빛은 때마침 내리는 봄비로
무지개처럼 금방 사라지고 말았습니다
돌아보지 않아도 세월은 말없이 스쳐가듯
행복은 빠르게 빠져나가는 가벼운 깃털처럼
한없이 부여잡고 평생 동행하고 싶겠으나
그의 변화무쌍한 미간의 좁디좁은 깊이만큼은
그를 알고도 모른 척 지나가는 인연처럼
붙잡을 수가 없기 때문에 유한한 인생에선
내가 그려내는 말간 색깔의 향기로움으로
바닥하고 가까운 지하층에 매일 오르내려도
또다시 한 계단씩 올라오는 길 밖에

터

진딧물은 배춧잎에
좁쌀만큼 터를 잡고 살지요
해충약 낱낱이 뿌리지 않으면
초록 잎 한 장 먹지 못하지요
음식 맛을 내는
쓴 물과 짠물만은
더하고 빼기를
자연스럽게 하지 않으면
목 삼킴은 부드럽지 않듯
튼튼한 집을 지어가는 과정은
터가 가운데 있지 않으면 안 돼요
안개 걷힌 해맑은 날에도
가끔은 마음의 모퉁이에서
상흔 골골하게 강물처럼 터져도
거울을 닮은 촉촉한 얼굴에선
물집은 터트리고 맑게 짜내야

친구의 말

주름 늘면 나이 먹듯 기억도 흐려지니?
아등바등 조바심은 건강에 도움 안돼

푸른 시절도 한때?
지나고 생각하니
은수저가 없어도 금수저가 있어도
동수저만 들어도 세월 붙잡지 못하니

그 수저빛 달라져도
수저라는 것은 욕심을 부려도
수저통은 벗어나서 살아갈 수 없잖니?

그러니 노심초사 걱정일랑
마주하지 말고 살자
누구나 피할 수 없는 그때가 오면
가벼이 훌훌 떠나야 해
세상은 잠깐 빌려 쓰는 거

비우기

거리를 홀로 걷지 않아도
단풍이 예쁘게 물들지 않아도
새들이 함께 노래하지 않아도
세상에 내려온 소중한 선물이라면
그는 그림자마저 햇살 품고 살아가듯
느슨한 오후 뉴스특보 일기예보처럼
태풍경보와 폭우경보를 듣게 된다면
익숙한 나들이조차 채우지 않아도
울긋불긋 얼굴에서 꽃 피우지 않듯
태풍이 폭우가 무탈하게 지나가길
소원하는 것은 마음 내리기 때문이다
뭇사람 자연의 질서 거부할 수 없듯이
머나먼 산 중턱 해우소 찾지 않아도
쉼 없이 걷는 동안만큼은

벽 같은 사람

어떤 말은 힘을 빼고 한 입 떠서
먹여줘도 고장 난 번역기처럼
길지 않은 한 단어는 냅다 내팽개치니
벽에다 달걀 던지는 것처럼
노른자만 남기고 벽에 묻은 흰자는
흔적도 없이 흐르는 것처럼
침 튀기며 고막이 터질세라
전언하여도 경청은커녕 등짝만 보인다
마냥 벽보다 더 벽 같은 사람은
진중한 말은 잔소리로 삼켜버리고
알속 흰자와 노른자 두 개가 아닌데
같은 하늘아래 땅을 밟고 살아도
소용돌이로 용솟음치는
질곡의 푸른 삶마저 이미 변색되었다
벽돌집은 아니지만 네모난 공간에서
철벽은 쉽게 무너지지 못하는 것처럼
각진 군말같이 명령어만 토해낸다
말없이 건너온 말 가슴에 품을 수 없으니

앞이 보이지 않은 황사처럼 누렇다

아침창가에서

비 내리는 아침
해는 떠오르지 않으나
익숙한 얼굴 하나 부양하고 있다
억장이 무너지는 소식으로
살점이 뭉그러지는 것처럼
혈흔은 흐르지 않았어도
그는 응답 없어도 느끼고 있다
그는 전부는 아니었지만
피를 나누어 가진 사이로
얽히고설킨 전선줄처럼
전류가 끓어오르는 듯
찌릿찌릿 심정 토하는 게
그에겐 평범한 일상이었다
건강하지 않은 삶이었지만
작은 성당에 기대어 통사정하듯
조금 뒤로 늦추고 싶다면서
울음바다로 정전이 된 것처럼
아침창가에서

어둠이 열리고 해가 떠올라도
그에게 어떤 답을 주지 못하였다
마지막 통화 한마디
"그나마 너와 잘 지냈는데
막힌 게 있으면 잘 풀자"라는
숨이 턱까지 떨려오는 목소리
물보다 진하다고 말하지 않아도
마음 깊은 곳에 박혀 그날 이후
창문 닫지 않고 눈이 흩날릴지라도
언제나 끌어당기는 정으로
날마다 보고픈 마음 어찌할까

길

굳은살이 없어도
걷지 않으면
길은 길이 아니다
그 길은 숲이 되고
높은 산이 되어도
사나운 날씨에도
굽이마다 굴곡진 길은
여전히 지름길만 있지 않다
허름한 비탈길만은
꿈에도 기대지 않아야
고비사막에선 다시 일어나
꽃길로 만들 수 있으니
흙으로 뒤덮어진 길은
먼지 하나 후딱 털고
쪽 길도 흔들며 걷자

부추꽃

엄마는 부엌에서
주름이 늘어가고

부추꽃은 텃밭에서
알몸으로 늙어가니

덧없는 어미의 시간
홀홀히 잘려 나가도
그 아무도 묻지 않네

2부

현실과 이상

구릿빛 피부를 위하여 해 부르지만,
그 피부 아름답게 응시하고 살겠으나
그 피부 빛 알레르기 일어날 수도 있다
눈이 내리면 상고대와 설경으로
아름답게 마음에 꽃을 피우겠지만,
그 눈으로 인하여 도로에 흙탕물로
흰 블라우스 점박이무늬 물든다면
고왔던 표정마저 구겨질 수도 있다
여름 계곡에 쏟아지는 폭포로 인하여
더위 식히며 산객들이 모여들겠지만,
그 넘치는 물로 산아래 전통가옥의
허물어짐은 마음 편하지 않고 아프다
이 세상 모든 사물뿐만이 아니라
사람 사는 곳에도 사람과 사람의
현실과 이상으로 간극은 없앨 수 없고
저기 벼랑 끝에 서 있는 사람이 있다면,
일명 인생사진으로 잘못 생각할지도
모르기 때문이다

자연은 일탈을 전혀 모르지만, 뭇사람들
벼랑 끝에 서 있지 않아도 겸손하게 만든다
현실과 이상은 하늘과 땅처럼
간극만은 날마다 생소하다
'삶은 가까이서 보면 비극이지만,
멀리서 보면 희극이다'
영국 배우 찰리채플린 말 빌리지 않아도

둥지를 떠나야 날아올라

햇살이 가장 뜨겁게
꽃피는 여름이 오면
어미는 둥지를 허문다
아기새 오래 머물다 보면
광활한 미래로 날아오르는 걸
거스르고 있기 때문에
어미는 둥지를 또다시 만들지 않는다
아기새 둥지 떠나지 않으면
우기로 젖어있는 숲에선
오래도록 살아남을 수가 없다
산등성마다 우거진 산기슭에선
아침마다 노래할 수 없으므로
우듬지보다 더 높은 곳으로
바람 가르며 깃털 활짝 펼칠 때만
우아한 자태로 날아오를 수가 있다
아기새 비행하는 동안만큼은
무너진 둥지 돌아보지 않는다
진눈깨비 거세게 몰아쳐도

관심

지나치게 스며들면 관심이 아닙니다
모자라게 스며들면 관심이 아닙니다
가로수 나무같이 일정한 거리 두기로
눈길 주며 발길 주며 손길 주며 마음 주면
아마도 끌어당기는 우주의 힘으로
사랑스러운 눈빛은 곧 관심이 됩니다
여름이 아닌데 겨울 긴 옷 입힐 수 없듯
겨울이 아닌데 여름 반팔 입힐 수 없듯
때때 기온에 맞게 옷을 입히지 않으면
감기몸살을 앓을 수도 있기 때문입니다
사막에서 물 한 방울은 목숨 부지하지만,
목이 마르지 않을 때 물 건네는 것은
사레를 부를 뿐, 관심은 아닙니다

꿈 잃지 않았음 해

얇은 종이 일력같이
날마다 뜯어내지 않으며
고장 나지 않은 우산 하나 없어도
겨울 떠나도 뜨겁게 일으켜주며
어둠 밝혀주는 자명종 시계같이
작은 방 모퉁이 걸어놓은
달력에 꾹꾹 눌러쓴 일기같이
심상 깊이 새겨놓은 꿈들
서투른 선잠만은 깨우면서
조금 느릿한 보폭일지라도
고속열차 질주하듯 간이역 없이

작별은 하지 않았습니다

작별은 모릅니다
그도 나도
작별은 모릅니다
아니 아니할
것이며
하여서도 아니 됩니다
그와 나
같은 샛별을 바라보고
살아가고 있으니
어찌 그와
작별하겠습니까
아니합니다
작별은 하지 않았습니다
크나큰 우주에서
억만년보다 더 무궁하게
온몸 품어주는 바다였기에

정

시멘트에서 뿜어 나오는
네모난 아파트에 갇혀 살아가는 정
정말 정녕 아니 아니올시다
정 많던 그 시절

토방이 있고 마루가 있던
허기진 배를 움켜잡고
배고픔은 살았지만,
종일 잠자리 꽁무니를
쫓아다녔어도
마냥 행복했던 그때 그 시절

이웃사촌은 혈육보다
가깝게 오갔으며 정은 나눴지
정말 다시 찾고 싶은 정

고향의 노래

낮은 몸짓으로 반겨주는 채송화
햇발에서 투영된 작은 잎사귀
멀리 퍼져 있는 통로마저 열리고
신작로에 운집하던 구름 한 점까지
초록빛만 꽃등에 둥글게 심는다

녹록하지 않은 슬픈 기억들은
주름 깊이만큼 돌담을 쌓았어도
어귀에 쏟아지는 고향의 발자국은
어머니 말씀 되어 따뜻함으로 스민다

노을은 침묵으로 산 언덕을 넘어가듯
찬란했던 푸름만 새싹 되어 움트는 곳
소나무의 자태처럼 사철 변함없어
언제나 내 가슴속엔 풍금처럼 남는다
언제나 내 마음속엔 설렘으로 남는다

가끔은

그곳으로 들어와 한 몸으로
그와 그는 약속하였다
그간 한 번도 없었던 약속이었다
그 공간엔 단 한 명도 볼 수 없었다
흔적이라곤 그 공간은 먼지처럼
훨훨 허공으로 날아가고 있었다
뭉크의 절규처럼 일그러진
수많은 표정만이 그를 손짓하였다
가끔은 구름도 해를 품고 살아가듯
해가 떠오를 때 구름도 스쳐가듯
그 누구의 소유가 아닌 오롯이 그
손 닿지 않은 곳 머리에서 발끝까지
횡횡한 날 선 말과 횡횡한 거짓부렁
조차도 다른 이의 소유가 아닌 그
유유히 흐르는 맑은 계곡물 속으로
눈을 보내면 흐린 날마저 그 곁에서
더 맑아지고 곁에서 호흡하듯이
또 다른 높은 담벼락은 낮은 밖에서

걸어가기 위한 첫걸음으로 시작되어
순간마다 잊고 살았던 평온함으로
가끔은 번뇌의 늪에 빠져 살았다던 그
별 뜨는 잔잔한 호수로 초대할 것이다

노벨문학상

맑은 공기를 자주 삼킬 수 없었던
대형 서점마다 북새통이 되었다
거장인 노벨문학상 우리나라 최초
수상으로 바빠진 출판회사라고
종일 뉴스와 신문으로 귀와 눈을
솔깃 솔깃 느린 걸음마저 재촉한다
독서의 계절 가을이 되었지만,
꿈쩍도 하지 않은 시민들이
변방의 나라에서 최초 여성이
노벨문학상을 수상작은 너도나도
줄을 서서라도 구입하고 있다
기념비를 세우지 않아도 단 한 명
수상자의 프로필은 방송국에서
실시간 공개되고 있다
수상자는 시끌벅적하지 않고 있지만,
짧은 영상으로 손전화만 달고 살았던
충혈된 눈은 오랜만에 정화수가 된 것처럼
책 읽기에 좋은 기회를 놓치고 싶지 않은 듯하다

혹여 일생 한 번으로 끝날 수도 있기에
단 한 권 종이로 된 책은
가까이하지 않던 스마트폰 세대마저
유년시절 생일선물보다 반짝이고 있는
책꽂이 한가운데 떡하니 자리할 것 같다
먼지는 매일 버려도 마음의 양식은 매일
버릴 수 없기 때문에 서점가는 더 이상
낯선 섬이 아니다

졌지만 잘 싸웠습니다

엘지와 케이티 야구 경기
준플레이오프 끝나고
언론 기사에 나온 문구입니다
이 문구를 다시 AI번역기에
돌려보기로 하였습니다
돌아오는 문구를 살펴보니
쉽게 승리하지도 못하였으며,
어렵게 패배하지도 않았다는
인공지능의 내용을 보게 됩니다
하여 야구경기는 우리네
삶과 닮았다고 말하는 뜻을
가슴에 새겨봅니다
정답 없다는 게 삶이라면
어떤 일에 고개 돌릴 수도
있겠으나 그 사람은 패배자라고
쉽게 말하기는 어려우며
설익은 고된 인생 출발점 달라도
처음부터 무르익은 인생도 없듯

지금 달리고 있는 내 운동장에서
뛰고 또 뛰어 넘어질지라도
그 자리에서 오래 머물기보다는
야구경기에 졌잘싸란 문구와 같이
드넓은 세상 내려준 보물찾기만은
잠재우는 우를 범하지 않는다면
조금 늦어도 걷고 또 걸어보면
푸르게 푸르게 메아리로 옵니다
야구경기뿐만 아니라 우리 삶도
어느 누구도 영원한 승리자도
영원한 패배자도 있을 수 없다니
미로 같은 삶일지라도 태양은
어둠을 품고 떠오를 수 없듯이
야구경기는 모두 끝났지만,
박수갈채로 온 동네 모여있는
연습경기장으로 다시 향합니다

바깥풍경

돋보기를 꺼내 깨끗이 닦지 않아도
바깥풍경은 모두 아름답다
은행잎 하나 색칠하지 않아도
바깥풍경은 모두 빨주노초다
지금 펄펄 끓어오른 이 치통으로
그 풍경 까만 동공으로 불러와도
붙여놓기가 하얗게 되지 않지만,
담벼락 기대고 있던 무릎 한 번 탁 치고
묵은 저 풍경만은 꿀꺽 마셔버리고
모퉁이 밀려온 모래섬 건너지 못하여도
동해바다 촛대바위처럼 촛불 밝히자

어머니의 기도

닿을 수 없는 세월의 모퉁이엔
닿을 수 있는 어머니의 기도가 뜨겁다
고운 달빛처럼 겨울밤조차 하얗게 눈이 부시다
푸성귀처럼 엉컹퀴처럼
농익지 못한 자식들의 혈관마다
마치 영양제를 달여주듯
높고 높은 정명한 가을 하늘처럼
시시때때 떠오르는 샛별로 생긋생긋
귓속말로 소곤대듯 가까이 다가와 속삭인다
흔들리는 물결마저 온종일 말없이 잔잔하다
꿈틀거리는 온갖 상념도 두 손 모은다

초록빛 추억

여릿여릿 하늘하늘
하늘색으로 손바닥 내미는 빛은
잃지 않고 보냈다
초록빛 어린 시절
꿈마저 푸르르
물결치는 오월처럼
신록의 향연처럼
아름다운 숲속에서 뛰어놀던
여린 잎사귀들처럼
파르르 떨구지 않을 때
초록빛 추억만은
저기 따뜻하게 불어오는
먼 향리 꽃바람처럼
마실 한 번 떠날 줄 모르며
똑 똑 창문 두드림도 없이
늘어난 하양 새치와 같이
불쑥불쑥 찾아온다
공기놀이 볼 수 없지만,

인연

새로운 길에서 새롭게 만나면
인연이 됩니다

새로운 길은
어제 걸어온 그들의 길이면서
오늘 걷는 모든 이의 길입니다

오가는 길
통로가 아득하여도
알 수 없는 길목에선
알 수 있는 얼굴로
정녕 떠나지 못하고
붉은 벽 마음속 깊이
뻗어 오른 넝쿨장미같이
거리로 나와서 포옹하듯
고운 눈 맞춤입니다

카페사장님

시내 복판에 있는 스타벅스 아닙니다
카페 입구에 보라색 노란 국화로
가을 안부처럼 반갑게 물어오는 듯
활짝 피었습니다 단골집이다 보니
인사 나누지 않아도 카페사장님 입가엔
미소 떠나지 않습니다 가을이 오니 손님이
줄었네요라며 씁쓸한 미소로 바뀝니다
대답은 잠시 넣어놓고 방송대 과제는 냈는지
물어봅니다 카페사장님은
늦깎이 학생으로 일과 가정 아이 돌봄으로
눈코 뜰 새 없이 동공까지 바쁜 일명 워킹맘을 넘어
다둥이 엄마이기도 합니다 국화차 마시다 보면
손님 기다리며 책을 생강차처럼 마시고 있는
카페사장님의 등은 때늦게 가을걷이 끝내고
비어있는 드넓은 들판처럼 쓸쓸하게 보입니다
그 모습 바라보노라면 사람은 평생 배워야 한다는
명제가 떠올랐습니다
바쁜 와중에 부지런하게

일 가정 돌봄 무엇하나 허투루 하지 않은
그 모습은 다시 한번 나를 반성하게 만들면서
문턱이 닳도록 손님이 드나들면 정말 좋겠다고
혼잣말합니다 또 오세요 인사말 하지 않아도

멀리서 보니 더 아름답다

봄은 분명 아니지만,
겨울꽃으로
다시 피어날 수 있는
설악산 상고대와 같이
속초 앞바다에서
저 너머 울산바위 바라보니
설렘보다 깊은
황홀감으로 스며오듯
아직 녹지 않은 마음자락
겨울밤 고목나무 위에
소리 없이 눈 쌓여갈 때
한 겹 속살은 볼 수 없지만,
밖에 설경만은 눈에서 더
멀어져도 유난히 아름답다
자연 속에서 자연스레
반갑지 않게 반백이 되어도
끝없이 머물고 싶은 청춘처럼

참 아름다운 사람

하늘엔 흰 구름이 올듯 말듯
대지엔 아지랑이 필까 말까
운무 속에서 숨바꼭질하여도
모퉁이 새싹들의
움트는 속삭임이 들려올 때
언제나 보내주는 따스한 눈동자
구름 건너온 해맑은 햇살처럼
드넓은 바다로 희망을 퍼올리듯
말없이 등불을 밝혀주는 사람
내 심안에 곱게 수놓아
감미롭게 기쁨 전해주는 사람
황금빛 앞뜰 문은 활짝 열어주듯
기나긴 외로움 조용히 벗어나면
쓸쓸함도 퇴색되어 산너머 가듯
묵묵한 내 삶의 비취옥 행복으로
눈 쌓인 초로의 아침 다가와도
영원히 함께 걷고 싶은 사람

뿌리공원에서

세상 속 소리 없이 흐르듯
꽃 구름 하늘가 피워 올라
절기마다 색채를 담아내듯
줄기마다 뿌리를 심어내듯
진한 향내만은 놋그릇도 녹이는데
소슬바람과 세찬 빗소리에
흔들림 없는 크나큰 나무 되어
조상대대 영혼 가득
양손 모아가며 푸른 발걸음은
누각 없이 둥근 보름달처럼
밝고 투명한 전기(傳記)로
내 아버지의 아버지
내 어머니의 어머니를
지금 걷는 이 올곧게 오라 하며
주춧돌에 새겨진 이름 변함없건만
하얀 머릿결 붉은 생애만은 하염없네

*뿌리공원 : 대전에 있는 공원

섣부른 위로

툭 던졌다
말은 말이었다
그러나 그 한마디로
위로는 되지 않았다
온전히 그 일은
그의 일이 아니었기에
혼을 실어 건네는
따스한 말 한마디에도
스며올 수 없기에
마냥 열렬히 뿜어내도
뜨거울 수 없고
미지근한 물처럼
온몸을 데우지 못하는
섣부른 위로일 뿐…

다시 만납시다 여름

방그레 고운 인사말도 없이
어찌해 떠나고 없습니까?
날씨 예보 돋보기로 살펴보니
오보라는 걸 이제 보았습니다
하루 해가 짧아졌다고 높아만
가는 하늘 탓만 늘어놓기에는
가장 아끼고 사랑하는 시간
멀리 떠나려고 채비하여도
끓어오르는 늦은 소망 하나
단번에 끈은 놓아주려 하지 말고
기약은 없어도 기다릴 수 있으니
크나큰 미련일랑 속주머니 넣고
다시 만납시다 여름

상추를 키워보니

상추를 키워보니
누런 떡잎 땅에 떨구면서
내 손길은 더 부지런하였다
한 잎 한 잎 싹이 오를 때
바쁜 시간조차 만들어서
고운 말로 안부를 물어보고
아픈 곳은 없는지 살피면서
잎마다 해충의 알은 없는지?
잎마다 충혈된 눈은 없는지?
헝클어진 잎사귀 일으켜주니
포기마다 내 동공만 따라왔다
며칠 동안 텃밭으로
출근하지 않으면 싱싱한 잎은
식탁에 번지르르 오를 수 없었으며
덩그러니 밑동만 남겨놓은 채로
아직 잔뿌리는 남아 있었지만,
누런 떡잎 하나 다박다박 풋풋하게
걸어오는 발걸음은 멀어졌다

글의 목적

해오름처럼 푸른 대지 위를
불태우기 위함은 아닙니다

달오름처럼 빛나는 밤하늘
밝히기 위함도 아닙니다

마치 틈새시장 빽빽이 수놓은
새로 출품된 상표 없는 물품처럼
다른 데로 넘기지 못하여도 그 물품의 가치는
주인의 손때묻은 정성과 짧지 않은 시간으로
진열장 가지런히 뽐내듯 펼쳐놓을 수 있듯

살다 보면 구름 속에 까만 눈동자처럼
고운 땅에 비 또박또박 쏟아낼 때
그 그림자 따라 그 물방울에 이끌려
햇살 빌려와 온몸 기대고 살아가듯
젖은 양말 빨랫줄 빌려와 거꾸로 말리며 살아가듯

가끔 촉촉하게 몸과 마음 휘젓고 있을 때
눈 내리지 않아도 쉼 없이 샘솟는 노루샘터처럼
깡마른 시간마저 밤낮도 잊게 만드는 것처럼
가을에도 떨어지지 않고 붙어있는 열매 같다

*노루샘터 : 한라산국립공원 윗세오름에 있는 샘터

계란꽃이 피었습니다

우리 집 아침은
계란꽃이 피었습니다
우리 집 비타민이자
활력을 넣어주는 아이
눈곱 채 달려와도
예쁘기만 합니다
팬 바깥에서 둥글게
품어주는 하얀 흰자
마치 어미의 사랑같이
노른자를 꼭 감싸주며
풀어지지 않도록
우리 집 둥근 식탁 위
가운데에서만큼은
웃음꽃 활짝 피었습니다
꽃병 하나 없지만

맷돌호박

지나간 푸른 세월
조각조각 조각보로
이어 꿰매놓은 것처럼
색동옷 무늬마저 폭삭 낡아지고
육 남매 엄니로만 살아왔던
늙은 울 엄마 얼굴같이
일생 누르고 살았던가
둥글 납작하게 익었나
그 어디에서도 길쭉한
애호박은 보이지 않고
잡풀로 가득한 텃밭엔
덩그러니 맷돌호박만
꺼칠은 잎조차 보이지 않고
밤사이 조용히 내려온
서리로 사그랑이 사그랑이

몸의 언어

들을 수 없고 듣지 못하는
몸의 언어
볼 수 있는 눈으로
애써 마주하지 않는 몸의 언어
말소리 없는 눈동자, 손동작, 입꼬리
말소리 없는 몸의 보이는 표정들
먼 바다 외딴 무인섬처럼
방문하지 못하는 사람들같이
저 밖으로만 눈을 돌리며
우산을 챙길지?
장갑을 챙길지?
문 밖에서만큼은 눈바람천둥
미리미리 단디 무장하지만,
눈 맞춤은 여름에도 찬바람만 불고
툭 던지는 알맹이 없는 말소리로만,
허공으로 한마디 던지는 게
몸의 언어는 단연코 아닐 것이다
몸의 온도가 낮아지면

생명의 위험한 신호를 주듯
온기를 불어넣지 않은 몸의 언어
그것은 그냥
진종일 꾸준하게 내리지 못하고
휘청휘청 건성건성
가을걷이에 해로움만 주는
건들장마와 닮아 있다

3부

고백

엄마 얼굴 보고프면
장독대 정겹게 나란히 놓인
사진 한 장 녹색 창에서 가져와
그걸 한참을 바라보노라면
지금 곁에 엄마는 없지만,
장독대는 그리운 엄마가 됩니다

언니 얼굴 보고프면
단발머리하고 교복 입은 학생
사진 한 장 녹색 창에서 가져와
그걸 한참을 바라보노라면
지금 곁에 언니는 없지만,
교복 입은 그리운 언니가 됩니다

가을비처럼 쓸쓸하게 몸서리쳐도
운명처럼 첫 만남으로 그렇게
단 한 번도 떠나간 시간 없으며
석양보다 더 짙은 그리움으로

들녘에 억새풀처럼 더 깊어져가지만,
오래도록 고백하지 못한 빛나는
성스러운 그리움 또, 남았습니다

봄볕보다 더 눈부신 보물로
찬바람 불면 옷은 따습게 입었는지?
아직도 냇가에 내놓은 듯
보드란 두 손 꼭 잡고 뛰어놀던
그때 그 초록초록 얼굴로 떠오를 땐
빈 마음마저 어여쁘게 채색하듯
매일 마시는 신선한 공기와 같은 존재
한여름 끓어오르는 땅마저 식혀주어도
온 살갗으로 흘러내리는 식은땀만은
마음으로 말립니다

그게 말이야

그게 말이야
시간이 자꾸만 통째로 흐르다 보니
한 번도 고개 들지 않았었던
알 수 없는 까닭 모를 그 무엇이
아리송하게 번뜩 올라오고 있다
차마 말로 어찌 다 토할까
오늘은 미끄러운 바닥까지 부여잡고
조바심 되어 입 안 가득 치밀어 오른다
글쎄 장마철도 아닌데 말이야
장대비를 피하려고 작은방으로
뛰어들어가도 빗방울은 더 거세지고
줄기차게 방마다 뒤따라와 쏟아진다
아무리 두꺼운 옷을 두르고 있어도
흠뻑 젖지 않은 옷은 단 한 벌도 없다
여전히 가슴 후비던 그 무엇이
이토록 밤을 지새우며 어떤 글로 남겨볼까
녹차 한 잔 곁에서 지켜주고 있지만,
그게 말이야

가슴 깊은 곳에서 끄집어내긴 쉽지 않지만,
품에 간직하고 싶은 것보다 곱씹지 않아도
생각하는 깊이처럼 더 짙어만 가는 기억들
그 어딘가로 떠나지 못하고 머물고 있으며
작금에 전율은 끝끝내 빠져나가지 않았지만,
아무도 없는 공간엔 헛기침도 들리지 않으니
이 시간만큼은 허무하기 그지없다
미련은 바람처럼 스쳐간 어제보다 알 수 없는 내일
이 세상 뒤집어져도 그 무엇과도 바꾸지 못하는
영원토록이란 말조차 모자라리 만큼
그에게 하고픈 말은 둘도 아닌 딱 하나
폐부에 기생하는 먼지, 버러지들은 분쇄기로 부수며
지탱하는 영육은 어느 하나 아프지 않았으면 해

소중한 아이

티브이에서 나오는 프로 중에
어린아이 프로를 가끔 본다
간간이 산을 찾는 이유도
마찬가지라고 생각한다
어떤 무게로 치닫고 있을 때
갓난아이와 어린아이 보노라면
나도 모르게 절로 감탄사로
아름다운 말이 밖으로 튀어온다
버거웠던 마음조차 풍성하다
순수하고 거짓 없는 맑은 표정
그 하나만으로 기쁨이 솟구친다
아이한테는 볼 수 없는
찌푸린 표정이라곤 그림책에서나
볼 수 있다
앞 세대에겐 한줄기
희망이고 봄볕이다
지난 시절에는 북적북적 동네
어디를 가나 아이들 웃음으로

물질은 풍요롭진 않았지만,
윗집 아랫집 삶의 탄식은
커다랗게 들리지 않았으며
마치 그 웃음소리 쓰나미처럼
동네마다 밀려왔다
요즘 가족은 대부분 한 명 아니면
두 명 단출하지만,
한 명 한 명 소중하지 않은
아이는 단 한 명도 없다
아끼고 또 아껴야 소중한 아이는
앞 세대에겐 버팀목이자 순위 없는
영순위이며 한 명 한 명 정신적 지주다

그 빛

겨울바다에서 품은
그 빛으론
거센 물살 위로 떠올라도
부두를 가르지 않았습니다
깎아지른 절벽 곁에서만큼은
뜨겁게 잠기지 않았습니다

겨울나무에서 품은
그 빛으론
푸른 잎사귀 떨구고 서 있는
나무 한그루 볼 수 없었습니다
흠뻑 젖은 온몸 말리고 있던
너럭바위 곁에서만큼은
차갑게 서 있지 않았습니다

겨울 해에서 품은
그 빛으론
새까맣게 그을린 지붕 아래선

참새 하나 날아오지 않았습니다
매일매일 스며들지 못하는 눈처럼
아무도 모르게 어둠 열고 살아가는
그 빛은
모든 바다와 나무 해를 품어주는
그 빛이 아니었으며,
남은 여정에서 감당할 수 없는
그만의 찬란한 빛이 아닐까

바람 먹는 아이

바람을 가르며 뛰어오는 아이
기다란 머리카락 간지러움 태워도
그 곁엔 바람 먹는 아이
까만 동공 속으로 반짝이며 들어올 때
거센 바람에선 취객처럼 휘청거려도
그 앞엔 바람 먹는 허리 굽은 그녀
지붕 없는 유모차 붙잡고 느려진 걸음으로
바람을 가르며 뛰어가는 아이 따라
그 아이 곁에선 저만치 멀어져만 가도
어제 바람 먹은 그 아이는
오늘은 보이지 않는다

고추장

가난하였던 나의 어린 시절
골골하였던 마음자락마저
심장처럼 뜨겁게 봉긋봉긋
솟구치고 배고픔 사라지듯
알 수 없는 나의 인생처럼
온갖 나물은 넣지 않았어도
쓱싹쓱싹 비벼주는 고추장
찬밥 덩어리도 슬쩍 모른 척
입맛은 돋우니 찾을 수밖에
시간은 묵지 않고 흘렀지만,
뒤켠에 배불렀던 장독대는
빗물받이로 단비만 기다리네

공세리성당을 걸으며

두 손 모으고 걷지 않아도
알아들을 수 없는 방언은
성당 안으로 들어가지 않고
둘레길 밖으로 빠져나갑니다
그루터기에 앉아 쉬고 있던
은빛 머릿결 노인은 지긋이
눈을 감고 두 손 모으고
신부님처럼 말없이 지나갑니다

곳곳에 떨어진 낙엽은 아직
고운 색깔로 못내 성당을
멀리 떠나지 못하고 있습니다
공세리성당 지킴이 나무인
팽나무 한 그루 나뭇가지에
다람쥐 한 마리 보호자 없이
나들이 왔다 다시 외줄 타기로
무대 없는 공연을 펼칩니다

우듬지 저 아래 아름답게 수놓은
향기 없는 노을빛 텅 빈 들녘에선
꺼지지 않는 촛불처럼 타올라도
가을 끝자락에서 서두르는 겨우살이
다람쥐에게만 고스란히 떠안은 게
아닌 듯합니다

*공세리성당 : 아산시 인주면 위치

양심

무인가게에서는 주인 반짝이는
눈동자 볼 수 없지만, 상품 구입하러 들어온
손님의 꼿꼿한 양심 하나 믿고
헤쳐 모인 상품 진열했을 것이다
간간이 뉴스를 보면 무인가게 들어온
손님이 현금통을 뜯어 통째로 들고
나온다는 내용을 볼 수 있다
그 손님은 본디 상품은
눈에 들어오지 않았을 것이며,
아름답고 고유한 자신의 양심은
보살피지 못하고 무인가게에서
몽땅 팔고 나왔는지도 모르겠다
그 상품들은 주인이 밤잠도 잊고
진열하고 먼지 닦아낸 새 상품으로
바꿔놓고 유통기한 지나간 상품은
빼내고 등줄기에 땀방울마저
말끔히 닦아낼 시간까지 줄여가며
뼛속같이 갈아 넣었을 것이기 때문이다

대부분 마음속 양심의 밝은 눈으로
오늘도 살아가고 있지만,
무인가게에서 양심을 팔고 나오는
손님처럼 자신만의 꽃봉오리조차
꺾어버리는 실수 아닌 실수는
청명하게 맑은 하늘 아래 먹구름 같지만,
지구별에 내려와 살아가는 대부분은
내가 노력한 대가 없이 그냥 얻으려는
불량한 양심으론 살아가지 않으며
눈먼 손님처럼 양심 버리고 산다면
영혼 없는 빈껍데기나 다름없다

고도를 기다리며

무대 위엔 나무 한 그루뿐이며
주인공 블라디미르와 에스트라공
두 남자는 오지 않은 고도만 기다린다
마지막 잎새처럼 떨어질 그날만 기다리듯
나뭇잎은 그림으로 그려 놓은 듯이
어둑어둑 저물어가는 컴컴한 무대에서만큼은
두 남자의 우스꽝스러운 모습보다
서툰 입담처럼 허튼소리만 뱉어도
좁고 작은 무대를 밝혀주는 등불같이
두 남자의 허허로운 삶마저
마른 나뭇가지로 뻗어가듯 오롯이 기다림은
끝나지 않았으며 무대 아래 관객들도
오지 않은 고도만을 기다리기로 한다
오지 않는 고도는 연극이 끝나가도
고도는 끝끝내 오지 않았으며
고도가 아니라는 소년만 무대로 달려왔다가
빠르게 무대를 빠져나간다
다음 기약도 없이 사라지는 그림자처럼

두 남자는 고도를 알고 있냐고만
들소처럼 되새김하며 시간을 흘러보내도
서로 험담은 하지 않고 연극의 막은 내리지만,
연극이 끝나기만 기다리던 관객은
아직 오지 않은 고도의 여운을 짓밟지 않으면서
무대를 빠져나와 관객의 눈빛만 기다리던 포스터
'고도를 기다리며'
내일 또 같은 연극 무대 기다리고 있듯 '고도'를 떠올리면서
 내용 볼거리 없는 무대이지만 또 기다려보는 그들의 삶처럼
 누구나 살아내야 하는 길목엔 고도는 끝내 오지 않는가

 *고도를 기다리며 : 아일랜드 출신 사뮈엘 베게트
 소설책이자 연극

착각하다

그의 품은 사철은 춥지 않을 것 같아요
그의 눈망울엔 이슬 내리지 않을 것 같아요
그의 손바닥은 하늘마저 덮어줄 것 같아요
그의 발자취는 향기로 가득할 것 같아요
그의 착각은 온몸에 우레와 같이 번뜩여도
저 드넓은 세상에선
조금도 사그랑이처럼 되지 않아요

오래된 감나무

잡초로 가득한 앞마당 오래된 감나무엔
감꽃은 더 이상 피어나지 않습니다
막둥이 태어날 때 심었다고 들었습니다
그 막둥이는 그 빈 집에 살지 않습니다
감꽃이 필 때면 허덕이던 가난마저
감내하면서 기다림의 미학을 배웠습니다
단감나무처럼 빠르게 익으면 좋으련만
홍시 하나 무르익기까지 인고의 시간은
무릇 가까이 가고 싶지 않습니다
그러고 보니 가난처럼 서 있습니다

봄

겨우내 눈길 하나 없이 야윈 까만 동공
봄볕으로 새하얗게 동그랗게 피었네요
먼 폭포에서 종달새같이 노래 부르며
홀로 빠르게 날아 뛰어가는 개울물 소리
저쪽 버들강아지 보드랍게 세수하네요
씀바귀 머위 냉이 달래 광대나물 향춘객
도로명도 잃지 않고 당일 배송만 하네요
아파트 분리수거장 모퉁이 벽과 벽 사이
노란 홀씨 하나 내려와 활짝 피었네요

벚꽃

뜨겁게 끓어오르는 꽃잔디 위로
붉은 태양 저녁잠만은 깨우고 있지요
먼 남쪽 바다에서 끝없이 피어오르는
왕버들같이 흐드러지게 벚꽃의 향연은
지난밤 피어났던 하양 상고대마저
멀리서 이별하듯 녹이고 있지요
흩날렸던 푸른 날 생경하게 고개 든
꿈 많던 세월조차 벚꽃처럼 피었네요

메타포

"하늘에서 비를 좀 내려주시려나 모르겠다"

"어허 누구신가 네가 마중 오니 비가 때마침 멈추네"

"애야 손 시려울 땐 아랫목에서 녹이거라 금방 따습기다"

하늘에 계신 아버지 생전 말씀이며 메타포 산실이 되었다

장맛비로 곡식이 타래같이 휩쓸려도 하늘은 탓하지 않았다

마른날 논바닥이 쩍쩍 갈라져도 하늘은 탓하지 않았다

불현듯 먼 훗날 아버지 나이 되어 생각해 보니

아마도 뼛속까지 농부의 붉은 피 흐르지 않았을까

혈혈단신 동향을 떠나와 옥토 밭을 일구고 살았어도

노고를 잊고 헛된 말씀은 단 한 번도 꺼내지 않았던 아버지

메타포로 혼탁한 고뇌마저 수려하게 그려낸 건 아닐까

군자는 아니었지만 군자 같은 언품이 깊이 스며든 아버지

말씀 한마디 한마디 곤룡포를 두른 듯 가볍지 않았다

그 인품 큰 장독에 여운이 담겨있듯 빠르게 사그라질 줄 모르고

지금도 감미롭게 산 메아리 되어 야생화같이 옹골지다

*메타포 : 은유

하얀 목련

발그레한 봄빛은 눈부신 빗방울로
붉은 화단에 떨구지 않았다
봉긋봉긋 고개 내밀며 터트리는 것은
자주색 목련만은 아니었다
젊은 베르테르의 슬픔 책갈피 속에도
선분홍색 열매는 없었다
봄빛 내리며 톡 톡 솟아오른 건
단단하고 동글동글한 꽃사과였다
낮은 담벼락 아래 뒤척이고 있던
하얀 목련 정원마다 일찍 피었어도
이른 봄비만은 멀리 떠나가고 있었다

*젊은 베르테르의 슬픔 : 독일 작가 괴테의 소설 제목

퐁당퐁당

붉은 장미로 피어오르는 푸르름마저
퐁당퐁당 말없이 홀로 속삭이네요.

옅은 녹차색으로 내려오는 연둣빛마저
퐁당퐁당 **빽빽**하게 쉼 없이 속삭이네요.

희희낙락하지 않은 깃털 같은 구름마저
퐁당퐁당 멀리서 솔솔 속삭이네요.

말갛게 뛰어오는 황금빛 물결마저
퐁당퐁당 시샘하듯 지평선도 속삭이네요.

바다의 세월

바다는 바다에서만 살지 않았습니다.
드높은 파도 반갑게 마중 나오지 않아도
바다는 저만치 떠날 줄도 모릅니다.
둥지를 떠나가는 바다갈매기처럼 훨훨
그곳에서 빠져나와 날아가고 싶겠으나
바다를 단 한 번도 빠져나오지 못합니다.
그곳엔 아기새 그네 매달려 있기 때문입니다.

바다의 세월은
짭조름한 소금창고에선 비릿한 냄새 잠재우고
저물어가는 일몰로 까만 눈동자 보이지 않아도
내일 떠오르는 일출만은 또다시 기다리며
은빛 날갯짓으로 멀어지는 짧은 세월마저
뭍에서만큼은 외마디 없이 조용히 흩어집니다.

생명의 찬가

썰물은 타향 아주 먼 곳에
흔적조차 찾을 길 없건만
된여울 밀리고 밀리어
밀물 되어 더 가까이 몰아친다

아직도 못다 한 파도소리
옛이야기 숨결 따라 나누고
소라껍질 하나 적막을 깨우듯
동안 접었던 다른 그 무엇을
품고저 다시 길을 나선다

버거운 전신의 고뇌
거울 속에서 해맑게 비추며
그 어떤 모습으로 살아도
시시때때 사르고 사르며

그땐 그랬지

새 옷은 아니 입고 서 계셨지
가을 들판에 허수아비처럼 그렇게
남루한 겉옷만 걸친 보헤미안처럼
가늘게 새겨진 주름진 얼굴로
날아드는 참새만 쫓고 계셨지

셋째딸이 따라드린 막걸리 한 잔으로
서둘러 한 모금 벌컥벌컥 목만 축였으며
아버지란 자리에서 벗어나지 않으려
논두렁 언덕에서 묵묵하게 서 계셨지

끼니 걱정으로 넉넉하지 못했던 그 시절
쭉정이 같은 낟알들 알곡이 되기까지
논과 밭으로 들로 뒤짐도 없이
이른 아침부터 해질녘 저녁까지
아버지 발자국은 햇살보다 더 뜨거웠지

이맘때 황금벌에 그리움 짙게 물들어갈 때

가을걷이 낫 들어도 큰 산엔 상흔 하나 없으며
자꾸만 떠오르는 아버지의 고단한 모습은
이젠 넘치는 먹거리로 아주 먼 이야기가 되었지만,

그땐 그랬지
꼬마 문방구는 있었지만, 전방 하나 없었지

                              *전방 : 물건을 늘어놓고 파는 가게

빛바랜 가을 풍경

봉남리와 계동면사무소
신작로 뛰어가던 아이는
이미 빛바랜 가을 풍경이 되었다
어린 시절 그들이 달려가던
운동장엔 시소도 그네도 없고
이젠 잡풀로 무성하다

땡땡땡 학교 종소리는
윗마을마저 우레와 같이 일으켜도
빛바랜 가을 풍경처럼
그리움의 메아리 되었으며
저기 코스모스 활짝 피어있던
꿈같은 길은 꿈처럼 사라지고
세상 어디에도 볼 수 없다

네 꿈보다 널따란 운동장엔
샛노란 민들레 또 피어나도
그때 그 순수의 유년 시절

새학기 소풍날처럼 설레듯이
열린 교문 밖 논두렁에선
호박벌로 날아와 윙윙윙
생글생글 머물고 싶었지만
빛바랜 가을 풍경은 말없네!

*봉남리, 계동면사무소 : 충남 서천 마서면에 위치

먼 산 소나기 내리면

나무 한 그루
비를 맞고 서 있습니다
먼 산 소나기 내리면
깊은 숲에서 지저귀는
이름 없는 새조차
후드득후드득
드높이 날아오르지만,
나무 한 그루만은
비를 맞고 서 있습니다
아침까지 날개 하나
당일 촘촘하게 박혀 있었지만,
비에 젖은 날개는
버거워져 날지 못합니다
먼 산 소나기 지나간
앞산에는 봉우리마다 찬란하게
무지개가 색깔대로 올라와
온 산을 밝혀주고 있었지만,
맨몸이 된 나무 한 그루만은

급류에 휩쓸려 멀리 사라지고
해 저녁 길을 잃고 헤매는
단풍잎만은 걸어가고 있습니다

행복한 말

사람은
무엇을 먹고 살까
식탁엔 찬이 없다
턱받이 하고 있는
아이에 오 몰 조 몰
입가에 피어오른
미소 하나로 충분하여라

고운 눈빛
어미 따스한 손길
거대한 사랑이
아니어도 정말 좋아라
너와 나 거울로
서로 비추고 있을 땐
행복한 말은
따로 필요 없어라

구절초 뒤안길에서

하얀 구절초의 소망은
가을노래만 부르지 않겠지요?
구름이 내려오는 산허리에
비가 하염없이 풀숲에 내려도
궂은날 생의 뒤안길에서는
함께 할 수 없는 그 무엇이
미끄러지듯 더 바쁜 걸음으로
모퉁이마다 걸어온다 하여도
주름진 손마디 사잇길에서조차
미지의 협곡으로 산산이
조각조각 띄어 저 멀리 보내준다면
숨겨놓은 눈물샘 앞산 모르게 흘러도
쓸쓸하고 애달픈 서툰 만남만은
텅 빈 가슴 한편에 묻어놓으면
너럭바위 아래 티 없이 피어있는
키 작은 구절초 뒤안길에선
춘설마저 오래 머물지 않겠지요?

냉이 된장국

냉이 된장국엔 냉이가 없습니다.
동짓달에도 고개 내민 냉이 향만은 그득합니다.
파란 하늘이 높아만 가는 가을 문턱에선
찌르레기만 쓸쓸하게 가을밤은 깨우고 살아도
콧등을 스치는 고추잠자리처럼 빨갛게
무르익어 가는 추억의 깊은 마음 밭에선
잃었던 입맛 봄날처럼 돋아나던 냉이 된장국
뚝배기 속에 냉이가 없어도 엄마의 깊은 장맛은
가까이서 아른거리는 아지랑이같이 퍼져올 때
끊임없이 보글보글 잠결에서조차 끓어오릅니다.
그 꿈은 하루만 꿇지 않습니다.

아이는 걸어야 아이야

뛰어가지 않아도 괜찮아
아이는 걸어야 아이야
조금 느리게 걸어도
아침마다 맑은 해와 같이
밝게 마주 바라보며
아이는 걸어야 아이야
조금 넘어져도 아닌 척 일어서니
아이는 걸어야 아이야
무수히 굴러다니는 모래알이
넓게 펼쳐놓은 운동장에서도
아이는 걸어야 아이야
널뛰기 발돋움판을 딛고
멀리 뛰어가기 위해서라도
지금처럼 아이는 걸어야

4부

따뜻한 시선으로

평생학습관 동기와 황금 들녘을 걸었다
슬쩍 건넨 말 한마디로 일명 번개팅이 되었다
책 없는 배낭을 둘러맸어도 말은 산줄기처럼 끝이 없고
어느 누가 먼저 슬그머니 새끼손 걸지 않았어도
엄마 셋은 고개 숙인 이삭 가까이 나란히 걷고 있었다
까만 돌솥 사용 연도 그리 중요한 게 아니었다
백화점 번지르한 가방 색깔 그리 중요한 게 아니었다
서로 다른 다랑이 논엔 아름다운 풍금소리 퍼져오고
하나 둘 셋 낮은 키를 올리며 바람마저 연주하였다
마치 아지랑이 너머 어린아이 순수한 눈망울처럼
지나온 숨결 너머 초록빛 들녘에 보드랍게 수놓듯

봄 길

온몸이 차가운 대지
햇살에 소록소록 잠에서 깨었네

반백의 할머니
냉이 씀바귀 달래 오일장에 나왔네

빼꼼히 내미는
버들개지 너머 냇물 소리 들리네

사방에 설익은 봄 길만은
다박다박 걸어가지 않네

홍련빛 그대

푸른 어느 날은
사진 속 얼굴에서 가만히 물들어가는
가을 홍엽과 닮아가도
뛰어오는 걸음걸음으로
예쁜 단풍잎 되었지만

볼우물에 피어났던 연지곤지 옅어졌지만
곱디고운 눈빛으로 떠오르는 추억만은
조각조각 여며주며 영글어가는 만추에
부풀어진 풍선처럼 우듬지에 걸려 있어도

저 그리운 시간만큼은
시나브로 쌓여가며 온몸 터질 줄 모르네
단아하게 서 있는 그대
청명한 가을하늘 아래
저 연꽃처럼 붉디붉다

여행

그곳에는 그리움이
초연하게 살찌우고 있었네
그곳에는 설렘이
미소로 동행하고 있었네
그곳에는 들풀이
낯설지 않게 속삭였네
그곳에는 나그네가
익지 않은 우정 감쌌네
그곳에는 존재 이유가
가깝게 머물고 있었네
그곳에는 행복이
뜨겁게 삼키고 있었네
그곳에는 늦도록
해처럼 찬란히 빛났네
그곳에는 처음부터
생에 마지막이 아니었네
어제 같은 아침이 아니었네

산책에 대하여

또다시 그가 서 있다
오솔길은 한 번도
그를 팽개치지 않았다
오늘 꿈은 언제나
내일 위를 걷는 것처럼
세상 저편에서 달려오는
온갖 상념들 바삐 일어나도
고요하게 살짝 잠재우며
서걱거리는 마음자락
노을빛에 가려져 있어도
차도에 떨어진 은행알처럼
퀴퀴한 냄새 퍼지지 않았다
산책에 대하여만큼은

눈

그는
'안녕' 글 읽습니다
안부 묻는 글로
행복하다 말합니다
그는 마음속으로
기쁨의 꽃다발
한아름 꽂아놓고
물오른 설렘으로
한 폭의 그림처럼
온 세상 품은 듯
두 동공 하나로 모아
참을 수 없는 희열은
한껏 쏟아냅니다

상고대

눈부시다
스멀스멀
더욱 가까이
뜨거워진
볕은 버릴 때
민낯마저
드러내며
산길마다
예보 없이
아침에만
겨울에만
피어나니
퉁퉁 부은
눈길조차
번뜩 살아났다

네 꿈

찬란하였다
여명이 어둠을 밝아오기 전에는
아름다웠다
동백꽃 봄비를 부르기 전에는
깨끗하였다
잎싹이 노랗게 오르기 전에는
뜨거웠다
심장이 붉게 침묵하기 전에는
요란하였다
사그랑이 세상을 만나기 전에는
즈믄밤 소담스레 한 별 미쁘다

겨울 길목

느린걸음 재촉하며
하강하는 온도만큼
상승하지 못하여도
녹아있는 마음자락
내일날씨 예보처럼
동장군이 찾아와도
골목마다 빙판길에
낙상주의 거북걸음
손이발이 되었어도
앞만보고 기어보세
속삭임은 이르다네

나의 유산 1호

찬란한 빛만을 뽐내며 자랑하는
박물관에 황금덩어리면 좋겠습니다
마천루 같은 거대한 위용으로 서 있는
건물의 주인이었으면 좋겠습니다
하지만 황금덩어리도 건물주도 아니니
속으로 혀를 쯧쯧 내두르는 사람도 있겠지요?

오래된 유산으로 엄지 척을 세워보면
아버지의 고운 말씨와 달보드레한 표정으로
평생 고함을 단 한 번도 내던지지 않았으니
그 모습은 느루 나의 오래된 유산이 되었습니다

화려한 색동 진열장에 알곡이 펼쳐있어도
곁눈으로 살짝 다가가 에둘러 응시하겠지만
보물상자에 숨겨둔 오래된 유산은 아닙니다
이젠 남아있는 세상 눈비가 쏟아져도 젖지 않도록
더욱 향기롭게 삶의 선물로 예쁘게 색칠하겠지만
천상에서 내려보는 아버지의 유산은 아닙니다

참 좋은 친구

네가 내 곁에 있으니
꿈은 꾸게 되었으며
내일의 봄비 속에서도
젖은 옷마저 말려주었고
간간이 불어오는 바람결에도
오래도록 서 있다 보니
네가 내 곁에 머물 수 있듯
어떤 쓸쓸함은 더 멀어지고
모퉁이 쌓인 하얀 눈길엔
새로운 길 보이지 않아도
쉽게 멈추지 않는 발걸음
터벅터벅 소리조차 없지만
부대끼듯 이끼 같은 생의 길에선
터널 속 어둠조차 밝아오듯
이제 육 학년이 되어서야
아무도 없는 교실에 뛰어온
참 좋은 친구
새록새록 돋아 올라 굴러오면

아름답지만 조금은 고집 센
한 꼬집 내 글밥으로 흐린 날
헛헛한 마음마저 듬뿍 채워주니
뒤란으로 빠져나갈 틈이 없네
손가락 관절 심심할 틈이 없네

윗세오름

꽃신 한라산에 오릅니다
무릎 보호대 바짝 두르고
허리 굽은 산객 속에서
문패 박힌 오름 가운데로
오르고 또 오릅니다
오래도록 단단하게
여태 나목에 걸지 못하였던
땅에 누운 버거운 이름하나
가생이까지 흙먼지 닦아내고
구름하나 머물지 않은
봄까치들의 둥지로
산객 모여든 성판악에서
아랫마을 초록지붕 건너온
또 다른 진초록색으로
먼 곳 떠나갔던 잎새만큼은
작은 배낭에 칸칸이 또 부르고
선작지왓 짙은 분홍빛으로
늦은 봄 기다리는 털진달래처럼

우아한 자태로 한껏 물오른 듯
닫힌 문 하나 없이 포근히 감싸주는
윗세오름 분화구 너른 품속에선
눈 없어도 상고대는 피어오르듯
저기 내리막길 호흡 빨리 뛰어와도
뽀얀 꽃신은 단 한 번도 벗지
않았습니다

　　　　　　　*윗세오름 : 한라산 위치한 오름 중 최고봉 오름
　　　　　*선작지왓 : 제주 방언으로 '돌이 서 있는 밭'이라는 의미

상사화

하늘 위에서 피었으랴

땅 아래서 피었으랴

네가 있는 곳에 내가 없고

내가 있는 곳에 네가 없구나

단 한 번만 꽃을 피워내도

긴 기다림은 내내 없었다

아름다운 생의 길목에서

산에 오르는 이유

산은 오라 가라 말 없으며
집은 오라 가라 손 있으면
마음평화 얻지 못하니
산에 오르면
새소리 물소리 벗하고
침묵으로 말하지만
주름 없는 미간은
좁힐 일이 전혀 없나니
어찌 산처럼 쌓인
속심 짐 풀어놓으려
산에 오르지 않을까
산 같은 사람은
산에 없어도 좋으니
부디 내려다보이는
쉼표 없는 지붕이여
제비 둥지 틀기 전에
꽃단장 꾸며보자

반성

애들이 엄마하고 부를 때
달려가 아이와 눈 맞춤도 못 하고
싱크대에 딱 붙어 고무장갑은
벗기려 하지 않고 끼니 짓기 위해
코 박고 서 있었던 걸 반성합니다

애들이 엄마하고 부를 때
달려가 아이 손잡고 꼬옥 안아 주지 못하고
뒤집어진 양말만 쓰담쓰담 만져주고
세탁기에 코 박고 서 있었던 걸 반성합니다

애들이 엄마하고 부를 때
달려가 아이의 말을 들어주지 못하고
작은 방까지 쿵쿵 울리게 테이프만 재생하고
멍텅구리 자판기 난타처럼 내리칠 줄만 알았지?
 귀 쫑긋하고 아이 말 먼저 듣지 못한 것에 반성합니다

애들이 엄마하고 부를 때
가슴 깊이 영원하지 않다는 걸 눈뜨고도 몰랐습니다
종일 귀 열고도 듣지 못했습니다
이젠 끼니 조금 늦게 먹을 수 있게 되었지만,
거짓 없는 고운 목소리 더 오래오래 듣고 싶어도
그 아이 동굴처럼 목소리 굵어진 이후부터는
엄마를 자주 부르지 않습니다
그것도 반성합니다

그는 나에게 물었다

그는 나에게 물었다 언제쯤 철들까요?
글쎄요 잘 모르겠네요
철이 든다고 생각하지 않는 게 더 낫지 않겠어요
어느 순간 괜찮겠지 하면 도루묵이 되는 게
빽빽한 사람 숲에선 허다하니까요
인생은 미완성 노랫말처럼
인생은 그리다 마는 그림이라고 부르더군요
스치는 누군가에 물어봐도 대답해주는 이 못 봤네요
그 사람 보드랍게 철이 들어서 참 행복해요라고
하나같이 말하는 사람은 한 명도 못 만나봤으니까요
사람들이 우러러 올려다보는 절대자가 아니라면
철든 사람은 세상에 존재한다고 믿고 싶겠지만,
그건 과욕을 부리는 거야라고 나무랄지도 모르겠네요
못다 그린 그림을 그리려고 물감이 말라붙어도
가슴에서 쉼 없이 묻고 있는 알 수 없는 질문들조차
심장의 소리 맑게 들으려고 애쓰고 있는 건 아닐까요
인정받고 싶은 사람의 기본 마음부터 살피고 보듬고
하늘과 땅 간극의 무한대 차이처럼 그 넓은 깊이만은

조금씩이라도 줄이기 위하여 움트는 생마저 슬기롭게
지금 철없는 모습 탄식하기보다 망망대해 조각조각
구탱이 인생 둥근 원을 채워가는 징검다리가 아닐까요

*인생은 미완성 : 이진관 노래 제목

고무나무에게

안녕 잘 잤니?
널 만나고부터
아침인사 가난하지 않지
베란다 창문 아래
봄햇살은 잎마다 간지럼
태우지 않아도 너는
찌푸린 표정은
날 만난 첫날부터
보여주지 않았지
온실이 아니어도
변함없는 너만의
색깔은 초롱초롱 빛났지
변덕스러운 날씨조차
내겐 멀게 느껴지고
마치 행복의 이모티콘 같이
곁에서 힘을 보태주니
내 친구는 아니지만
자주 보니 정이 들었지

너의 손은 잡지 못하지만
고무처럼 길게 당겨봐도
끊어지지 않은 필연처럼
키는 이제 그만 자랐으면
널 올려다보는 건 서글퍼

저 거리에서 걷노라면

우선 멈춤은 있다
빨강 신호등이 아니다
초록 신호등도 아니다
초록등이 밝아졌지만
앞지르기로 질주하는
자동차 사람보다 느리지
않기 때문에 멈춰야 한다
몇 초를 기다리게 되면
내일도 큰 선물이 되니
이때 기다림은 쓸모 있다
또한, 초록 신호등은
낯선 길목에서조차
깜빡깜빡 잊지 않고
길을 잃고 헤매는 이
손 내밀고 화도 없다
저 거리에서 걷노라면
다급하게 횡단보도 달리는
구원자 같은 일일구차는

초록 빨강 노란색조차도
선명하게 볼 수 없나니
신호등 없는 저 언덕 너머로
더딘 발걸음 옮길 수밖에…

택배인생

붉은 띠지 붙인 상자 던지지 마십시오
위아래 표시는 필히 남겨 주십시오
빠른 배송이라도 이상기온으로
늦어질 수 있으니 참고하십시오
말간 국물이 흐르면 보낼 수 없으니
이중삼중으로 포장하고 보내주십시오
삐리리 받을 장소 문자 남겨주십시오
행여 그렇지 않으면
제 날짜에 신속배달은커녕
에펠탑보다 더 높게 쌓인 택배인생
한순간 무너질 수도 있을 테니까요

단풍나무 바라보며

강물은 저마다 색깔
푸르지 않다 하여도
물감 하나 칸칸이
달게 녹이지 못하고
붓터치 하나 없이
혀로 입맛만 다시다
눈길 하나 말갛게 응시하지 못하고
세월 모르던 단풍나무
이맘때 아름답게 옷 갈아입는
허수아비와 같이
화려한 스케치북엔
그림 하나 볼 수 없으나
건너 마을 청단풍나무에겐
머나먼 이야기일지라도
늦게 물드는 조그만 청단풍잎만큼은
수려하게 연둣빛 입히지 않았어도
한 번도 솎아내지 않았습니다

프로필사진

울고 있는 프로필사진은
강산이 여러 번 변했지만
아직 못 봤습니다
화내는 표정도 못 봅니다
울고 화내는 표정만은
무릎을 꿇어도 전송은 못합니다
끝끝내 볼 수 있는 표정은
화사하게 수놓은 꽃무늬만
한 겨울에도 신비롭게
요정처럼 오르는 프로필사진
그것으로 맑은 영혼까지
땅에 버리고 허공에 날리고
아프고 가냘픈 뭇사람들처럼
어느 가면무도장에서
가면은 버리지 못하고 춤을 추듯
그게 뭐라고, 뭐가 중한디
한 번뿐인 목숨까지 걸면서…

유쾌한 둘레길

청설모 노랑나비 빨간 잠자리 하루살이
풍요롭고 다툼 없는 유쾌한 둘레길 안에서
뛰어오르고 날아올라도 하루살이만큼은
아직 지나가지 않은 유쾌한 둘레길 밖에서
종일 혼자 달리고 있어도 달지는 않습니다

가을 산행

금배추라는 뉴스속보를 읽고
깜짝 놀란 청설모와 다람쥐
이른 김장준비로 바빠졌는지
배방산 팔부 능선을 올라봐도
다람쥐와 청설모 작은 꼬랑지
새치 같은 깃털 하나 볼 수 없었다
가을 산행하면 떠오르는 예쁜 단풍잎이지만,
산길에 쏟아진 밤톨만 한 도토리는
가을을 만끽하며 낯선 산객마저 불러 모은다
먼저 잎을 비워낸 키 작은 신갈나무
융단 위에서 단풍나무 축제하듯
수다쟁이 딱따구리 노랫가락은
가을을 보내기 못내 아쉬운 듯
아직도 청청하게 굴참나무 서 있는
너른 앞산마저 깨우고 있었다

*배방산 : 아산시 배방읍 위치에 있는 산

콩

콩 심으면 콩 난다라는
속담이 전해오는 것처럼
작은 콩알이라도 심지 않으면
씨앗의 생생한 눈 볼 수 없을 것이다
쥐눈이콩은 강낭콩이 될 수 없듯
내가 어떤 크기와 색의 콩을 심을지
심사숙고를 거치지 않으면
곰팡이 핀 콩도 심을 수 있기 때문이다
혹여 콩나물 얻고 싶다면 먼저
콩부터 불린 후 아침저녁으로
물을 주고 키워내야만 콩나물국으로
허허로운 속마저 뜨끈하게 데워주고
알코올마저 해독할 수 있기 때문이다
콩알만큼 작은 희망 내 마음밭에
꼼꼼하게 심었다면 그냥 묵묵하게
드높은 하늘에서 매일 떠오르는
태양처럼 뜨겁게 영혼은 사르고
공룡알로 콩은 변신할 줄 몰라도

새별오름

매듭달에도 까막새 하얀 세상을 꿈꾼다
설산으로 돋아나는 새하얀 앞마당에서
오로라 내리는 빛으로 오르고 또 올라
노을 팔딱이는 저 너머 제주 비양도에서도
상춘객들 춘삼월 붉은 동백꽃노래 부르니
물까치 새별오름 봄볕 따라 자맥질하네!

*새별오름 : 제주시 애월읍 봉성리 위치한 오름

풍경 소리

온몸으로 고통은 감싸고 있었으나
뒤따라 쏟아지는 하양 잔설 위로
흠뻑 짓무른 이명으로 깊게 듣지 못하네

산바람은 희희낙락 뒤척이고 있었으나
길손 먼 여행 홀로 떠나지 못하도록
낡은 풍경 소리 맑게 흘러갈 줄 모르네

세모집

초판 1쇄 발행일 2024년 11월 28일

지은이 남상미
펴낸이 곽혜란
편집장 김명희
디자인 김지희

도서출판 문학바탕
주소 (07333) 서울시 영등포구 여의대방로 379 제일빌딩 704호
전화 02)545-6792
팩스 02)420-6795
출판등록 2004년 6월 1일 제 2-3991호

ISBN 979-11-93802-08-3 (03810)
정가 13,000원

* 이 책의 저작권은 저자에게 있으며 이 책의 전부 또는 일부를
이용하시려면 저작권자의 서면동의를 받아야 합니다.
* 이 책은 국립중앙도서관, 국회도서관 홈페이지에서 검색 가능합니다.
* 문학바탕, 필미디어는 (주)미디어바탕의 출판브랜드입니다.